SERMON

SVR LES DEVX PREMIERS Versets du Chapitre quatriéme de la seconde Epistre de S. Paul à Timothée.

PRONONCE'

Par RENE BERTHEAU *Ministre à Montpelier, à l'imposition des mains de Monsieur* ALBUS.

Se vend.

A CHARANTON,

Chez OLIVIER DE VARENNES, demeurant au Palais, dans la Salle Royale, au Vase d'or.

M. DC. LXXVI.

6

SERMON

Sur les deux premiers Verſets du Chapitre quatriéme de la ſeconde Epiſtre de S. Paul à Timothée.

1. *Je te ſomme donc devant Dieu & devant le Seigneur* JESUS CHRIST *qui doit juger les vivans & les morts en ſon apparition & en ſon regne.*

2. *Preſche la Parole, inſiſte en temps & hors temps, repren, tanſe, exhorte en toute douceur d'eſprit & de Doctrine.*

C'EST une choſe qui d'abord paroît étrange, qu'on ait veu des Saints refuſer l'employ du S. Miniſtere. Leur pieté eſtoit illuſtre, leur zele eſtoit ardent, l'amour qu'ils avoient pour Dieu, jettoit en toutes occaſions, de belles & d'heureuſes

flammes, cependant dés qu'il ſe parle de travailler à l'œuvre de Dieu, dans la charge du ſaint Miniſtere, on diroit que leur pieté les abandonne, on les voit ſaiſis de frayeur, & reculer le moment de leur vocation le plus qu'il leur eſt poſſible. Moyſe s'écrie auſſi-
Exod. toſt que Dieu luy en parle, *Qui ſuis-je moy*
. 11. *que j'aille vers Pharao & que je retire ton*
Jerem. *Peuple?* Jeremie veut ſe diſpenſer d'accepter
. 6. l'employ que Dieu luy preſente, *ah Seigneur*, dit-il, *je ne ſçay point parler, je ne ſuis qu'un enfant.* Les plus grands hommes qui ont éclairé l'Egliſe dans les premiers ſiécles, ſe ſont retirez dans les ſolitudes & dans les deſerts, pour échaper à l'ardeur des peuples, qui vouloient les élever à l'Epiſcopat. Dieu nous garde, mes Freres, d'imputer à manque de zele, cette conduite des Saints. Il n'y a que la grandeur de la charge, & le ſentiment de leur foibleſſe qui les a jettez dans l'étonnement. En effet à bien conſiderer les choſes; la charge du ſaint Miniſtere, eſt ſi peſante, & ſi difficile, que je ne penſe pas qu'un Ange avec toutes ſes lumieres, & toute ſa force, ſoit capable d'en ſoûtenir tout le poids; il faut combattre la Terre & l'Enfer, les hommes & les demons, la chair & le peché, & établir le regne du Fils de Dieu, ſur les ruïnes de l'empire de Satan.

Le Cœur de l'homme, l'unique ſujet de

nos ſoins & de noſtre miniſtere eſt une piece dont la garde & la conduite eſt infiniment difficile ; ſa converſion eſt un deſſein de ſi longue haleine, qu'on n'en vient jamais parfaitement à bout. Il y a toûjours quelque choſe de nouveau à faire ; quelque facheux accident y ſurvient toûjours, qui rompt toutes nos meſures, & qui gâte l'ouvrage de Dieu que nous avions ébauché. Qu'un Peintre eſt heureux de travailler ſur la toille, il trouve un ſujet qui luy obeït, il meſle ſes couleurs comme il luy plaît, il manie ſon pinceau à ſa volonté ; il eſt le Maître de ſon deſſein & de ſon travail ; il l'abandonne & il le reprend comme il le juge à propos ; & il le retrouve toûjours, dans le meſme état qu'il l'avoit laiſſé. Un Statuaire travaille bien à la verité, avec plus d'effort, pour vaincre la dureté de la matiere qu'il a ſous ſa main ; mais il adoucit ſa peine quand il void que ſon travail eſt plus ferme, & plus durable. Le cœur de l'homme au contraire eſt d'une ſi étrange nature, qu'il eſt dur comme le marbre, & fluide comme l'eau ; les impreſſions de la grace s'y font avec peine & elles s'en effacent auſſi-toſt. Avons nous avec beaucoup d'efforts & de ſoins ramoli un cœur, y avons nous déſja tiré quelques traits de l'image du Seigneur, ſi les fonctions de nos charges, nous appellent ailleurs ; ſi nous nous relachons le moins du monde ; ſi nous n'avons toûjours ſous nos yeux & ſous nos mains, ce cœur que nous avions entrepris ; il nous échape ; il retourne à ſon premier eſtat ; Satan & le monde viennent à la traverſe qui rendent nos peines inutiles ; Nous ne voyons plus ſur ce cœur aucunes traces de noſtre premier travail, tout noſtre ouvrage eſt gaſté, les impreſſions que nous y avions faites ſe ſont effacées, la chair l'a regagné encore une fois, & l'a fait déchoir malheureuſement. Il en eſt comme d'une barque, qu'on a fait monter à force de bras, contre le cours d'un fleuve rapide ; ſi l'on ſe relâche, le courant l'emporte & la fait deſcendre en bas. Nous plantons & nous arroſons, mais les vens de la tentation, renverſent bien ſouvent ces arbres miſtiques, nous ſemons dans les ames la bonne ſemence de l'Evangile, mais l'ennemy vient de nuit, qui à la faveur des tenebres y jette ſa maudite ivroye. Nous edifions, mais les torrens & les pluyes abbatent le plus ſouvent ce que nous avions élevé, le relâchement de quelques ſemaines, ruine l'ouvrage de pluſieurs années.

Tout cela vous apprend mon Frere, à bien penſer à vous meſme & à voſtre charge : il y faut comme vous voyés un travail, grand, aſſidu, opiniâtre qui ne ſe relâche jamais. Saint Paul vous enſeigne dans ce texte ce que eſt aſſis que je veux élever ton ame ; je veux qu'elle ſoit toute penetrée de l'eſclat & de la gloire de ce grand objet ; Qu'elle s'anime d'une ardeur celeſte, & d'un feu divin, par la conſideration du Maître, qu'elle à l'honneur de ſervir. Comme Dieu eſt l'unique autheur de ta charge ; qu'il en ſoit l'unique fin ; travaille ſous la lumiere de ſes penetrans regards, qui éclairent ta conduite ; n'agis que pour luy. Son œil te voit, ſa main te couvre, ſa voix t'appelle, ſui la route qu'il ta marquée, & t'acquitte des devoirs où ta profeſſion t'engage. *Je te ſomme devant Dieu.*

Que cette reflexion eſt puiſſante, qu'elle auroit de force, ſi les Paſteurs de l'Evangile l'avoient bien avant imprimée en leur eſprit, y auroit-il quelque choſe capable de nous étonner, ſi nous penſions que c'eſt Dieu qui nous honore de ſa vocation ; que nous ſommes toûjours ſous ſes yeux, & en ſa preſence ; & que nous ne faiſons que ſuivre les ordres, que luy-même nous à donnés. Cette ſainte reflexion nous rendroit fermes, & intrepides, pour repreſenter aux hommes les droits du Seigneur. On ne verroit plus cette conduite foible, & malheureuſe, qu'on remarque avec douleur en beaucoup de Paſteurs. Ils ſeroient autant d'Helies pleins d'un feu, & d'une ardeur heroïque ; autant de *Boanergés*, dont la voix éclatante comme un tonnerre feroit trembler les pecheurs, autant d'Apollos *fervens en esprit & puissans dans les écritures*, tout plieroit sous la force invincible, & le zele Apostolique dont ils seroient animés, on verroit par tout le vice abbatu, & la verité triomphante par leur Ministere. Il n'est point d'ame si dure qui ne s'amolist, ni de cœur si impenitent qui ne se rendist à leur puissantes sollicitations. On verroit fleurir la pieté, l'amour de Dieu, & la crainte de son nom au milieu de nos troupeaux. A quoy tient-il que nous ne joüissions de cet avantage ? d'où vient que la parole de Dieu n'a plus son efficace ordinaire ? que ce divin glaive se rebouche contre la dureté des cœurs ? la cause de tous ces desordres, c'est que les Pasteurs ne font pas assés d'attention sur celuy qui les appelle. Au lieu de s'élever dans le Ciel, toutes leurs inclinations rampent sur la terre, ils ne pensent ni à la gloire de Dieu pour la procurer, ni à son regne pour l'establir, ni aux ordres qu'ils ont receu de sa main pour travailler à son œuvre. En conscience quel succés peut-on attendre, de ces indignes Pasteurs, que peut-on esperer de ces exhortations languissantes, de ces predications relâchées, de cette conduite charnelle & mondaine où ne paroissent aucunes traces de l'esprit de Dieu ? Saint Paul qui n'avoit devant ses yeux que trop d'exemples de cette nature, pour réveiller les ſoint & la pieté, de ſon fidelle diſciple; pour le rendre plus ſoigneux & plus attentif aux fonctions de ſa charge; le cite & l'adjourne au pied du troſne de Dieu. C'eſt-là qu'il veut qu'il apprenne quels ſont les devoirs d'un veritable Miniſtre; c'eſt-là qu'il pretend qu'il s'informe de tout ce qu'il a à faire dans ſa vocation; & qu'il prenne ce cœur, cette ardeur, cette vigilance, ces ſoins religieux & evangeliques qui doivent accompagner toute ſon adminiſtration *Ie te ſomme*, dit-il, *devant Dieu.*

A la conſideration du Pere il joint celle du Fils, *Ie te ſomme devant nôtre Seigneur* JESUS CHRIST, *qui doit juger les vivans & les morts en ſon apparition & en ſon regne.* Pour donner plus de poids & plus de force à ſon exhortation; il luy depeint le fils de Dieu, non ſur la Croix mais ſur le trône; non dans ſa baſſeſſe, mais dans ſa grandeur; non dans les foibleſſes & les infirmités d'un homme, mais dans la force & dans la pompe d'un Dieu. Non tel qu'il parut durant les jours de ſa chair, couronné d'épines, percé de cloux, & couvert de Sang; mais tel qu'il paroîtra dans le dernier jour, éclatant d'une lumiere immortelle, & aſſis ſur un trône glorieux. On le verra la Couronne ſur la teſte, & le ſceptre dans la main, prononcer ces derniers arreſts qui decideront du deſtin de toutes les creatures. Tous les Anges qui assistent maintenant autour du trône du Pere, paroîtront alors autour du siege du Fils, pour luy faire hommage, tous les demons qui sous des chaînes d'obscurité, & sous des liens eternels, attendent le jugement de cette grande journée, frapés d'horreur, & saisis de crainte, verront JESUS tonnant sur leurs testes, & leur denonçant sa malediction, les Anges éleus, & les Anges reprouvés, le Ciel & l'Enfer s'uniront ensemble, & travailleront de concert, pour relever la Divine pompe, du Seigneur JESUS, jugeant l'Univers. Tous les Roys du monde, dépoüillés de l'esclat de leur diadêmes, seront à ses pieds, pour recevoir de sa bouche, l'arrest souverain, ou de leur absolution, ou de leur condamnation. Tous sans en excepter aucun, grands & petits, jeunes & vieux, pauvres & riches, Juifs & Gentils, fidelles & infidelles, tous ceux qui ont esté, qui sont, qui seront jusques à la fin du monde, tous comparêtront en la presence du Fils de Dieu pour étre jugés. On y verra toute la nombreuse famille d'Adam sans qu'aucun y manque. C'est ce que saint Paul exprime par ces deux termes qu'il employe, que JESUS sera le juge *des vivans & des morts*. Par les vivans, comme il s'en explique luy-méme, dans le chap. 15. de sa premiere Epître aux Corinthiens, il entend ceux qui ſeront vivans ſur la terre, lors que JESUS deſcendra du Ciel, & par les morts ceux qui ſeront étendus, & giſans, dans le ſepulchre, les uns ſeront ſoudainement tranſmuez ; & les autres reſſucitez ; & tous enſemble viendront au jugement dont ſaint Paul nous parle.

C'eſt alors dit l'Apôtre que JESUS *apparoitra*, ſa gloire qui eſt maintenant comme renfermée dans le Ciel, éclatera aux yeux de toutes les creatures. Les Juifs qui le tiennent pour un faux Prophete, & pour un impoſteur: Les Gentils qui n'ont pas eſté éclairez de la lumiere de ſon Evangile ; & qui ne peuvent découvrir dans la conduite du monde, ſon eternelle Sageſſe, qui d'une maniere ſecrette, & imperceptible à leurs yeux, conduit l'Univers ; les fidelles qui eſperent en luy, mais qui ne voyent pas encore les magnifiques rayons de la gloire qui l'environne, tous le verront *tel qu'il eſt* dit ſaint Jean. Ce grand jour le fera paroître, comme le Fils eternel de Dieu, le Sauveur du monde, le Monarque ſouverain des hommes & des Anges. Ce rideau qui nous le cache à preſent, ſera, tiré dans la lumiere de ce jour, il ſortira de ce Saint des Saints, où il habite aujourdhuy, dans le ſecret & dans le ſilence. Tous ces voiles qui le dérobent à nos yeux ſeront abbatus ; ſa gloire ſe dégagera de tous ces nuages, où elle eſt aujourdhuy comme envelopée ; au lieu qu'elle brille toute entiere au deſſus des Cieux elle brillera au deſſous, & fera pâlir le Soleil & tous les Aſtres du Ciel par l'éclat de ſa preſence. Toutes ces petites clartés, s'evanouïront, & ſe perdront dans la ſienne. Comme on void que la foible lueur des chandelles, s'eſteint, & s'efface, par la lumiere du jour. La terre jouïra du privilege que le Ciel poſſede aujourdhuy, elle le verra auſſi grand qu'il eſt, lumineux reſplendiſſant, & couvert d'une Majeſté ſi haute & ſi élevée que nulle creature ne la pourra ſoûtenir. C'eſt pour en exprimer toute la grandeur que ſaint Paul ajoûte, *Qu'il apparêtra en ſon regne.*

La premiere fois qu'il a paru dans le monde, ç'a été dans la baſſeſſe, dans une chair infirme, & mortelle, & ſous la forme d'un eſclave, les yeux des Juifs ne pouvoient découvrir en luy, rien de grand, rien d'illuſtre, rien qui pût répondre à cette magnifique idée qu'ils s'eſtoient formée du Meſſie. Une étable au lieu d'un palais le reçoit à ſa naiſſance, quelques miſerables bergers environnent ſon berceau, au lieu des grands, & des Princes de la Judée, un vil charpentier paſſe pour le pere, de celuy qui devoit étre le Fils de David; ſa vie eſt obſcure, & ſa mort infame. Il paroît cloüé ſur un gibet ignominieux ; il y verſe tout ſon Sang, & il y rend l'eſprit parmi des tourmens inimaginables. Sa ſeconde *apparition* ſera auſſi éclatante que la premiere fut obſcure. Tout y marquera ſa gloire & ſon infinie grandeur. Au lieu d'un roſeau, qu'on mit dans ſa main pour luy faire outrage, il aura ce ſceptre de fer, dont nous parle le prophete pour accabler les méchans; au lieu des épines dont ſa teſte fut couronnée, ſon front ſera ceint d'un diadéme tout étincelant de lumiere; au lieu d'une Croix infame, & maudite, ſur laquelle il expira, une nuë ſuperbe s'étendra ſous ſes pieds ſacrés, & luy ſervira de trône. Jamais Sina ne fut ſi terrible avec ces brandons de feu, que le tribunal du Juge du monde le ſera pour lors. Il ſera environné de feux & de flammes, de tempeſtes & de tourbillons, pour eſtre les executeurs de ſes jugemens, il parêtra comme le Roy du monde, le Chef de l'Egliſe & le ſouverain Seigneur des hommes & des Anges; il exercera pour lors les plus nobles fonctions de ce glorieux Empire que le Pere luy a donné. Qu'elle ardeur, qu'elle application, qu'elle vigilance ne verroit-on pas dans les Paſteurs de l'Evangile; s'ils penſoient toûjours à ce dernier jugement; s'ils faiſoient reflexion, ſur le conte qu'ils ont à rendre, de tant d'ames que Dieu commet à leurs ſoins; ſi cette terrible voix frapoit toûjours leurs oreilles, *rend conte de ton adminiſtration*; ſi ce grand Juge des vivans & des morts étoit toûjours present à leur esprit & à leur memoire. C'est pour imprimer bien avant dans l'ame de Timothée, toutes ces considerations, qu'il luy dit avec tant de force. *Ie te somme devant Dieu, & devant nôtre Seigneur* JESUS CHRIST, *qui doit juger les vivans & les morts en son apparition, & en son regne.*

Apres une Preface si forte & si émouvante, il luy met devant les yeux tout ce qu'il est obligé de faire, *Presche*, dit-il, *la parole, insiste en tems & hors tems, reprend, tanse, exhorte en toute douceur d'esprit & de doctrine.* Il commence par la Predication de la parole de Dieu, elle doit estre son occupation, son étude & le premier de ses soins. C'est la le grand chef-d'œuvre de sa profession, & le seul moyen de reussir en sa charge ; c'est par là qu'un homme de Dieu, se signale, & qu'il se rend accompli à toute bonne œuvre. Cette parole de Dieu, si tu as l'art de t'en servir & de la mettre en usage, fournira ô Timothée à tous tes besoins. Veux-tu attaquer l'erreur, la parole de Dieu, sera dans ta main une arme invincible, une épée à deux tranchans, un grand bouclier qui te couvrira des traits de Satan, & des plus violens efforts de cét esprit de tenebres ; toutes ces noires fumées qui sortent du puis de l'abisme, se dissiperont à l'éclat de sa lumiere ; le mensonge paroîtra tout nud, dépoüillé des Sophiſmes & des fauſſes couleurs dont il ſe pare & s'embellit pour ſurprendre les eſprits des foibles. Veux-tu établir la verité, tu la trouveras dans cette parole de Dieu, pure, & lumineuſe, éclatante de tous ſes rayons, & accompagnée de toute ſa force. Nul ne pourra te reſiſter ſi tu ſçais te prevaloir de cet avantage que la parole de Dieu te fournit. Veux-tu décrier le vice, & le peindre avec tout ce qu'il a de difforme & de hideux? la parole de Dieu te mettra en main, les traits, les couleurs, le deſſein du tableau, que tu as reſolu de faire; ta Peinture ſera touchante, & ne manquera pas de faire impreſſion, lors qu'elle ſera tirée ſur une ſi parfaite regle. Veux-tu porter les fidelles à la pratique de la pieté? C'eſt la parole de Dieu qui découvrira à tes yeux la veritable idée de la ſainteté, ſi belle, ſi charmante, & ſi digne de l'amour des hommes, que ton cœur touché d'un objet ſi raviſſant, ne fera couler dans ta bouche, que des expreſſions ardentes, pour embraſer tes auditeurs de ſon feu divin; elle te fournira avec abondance, les raiſons, les motifs, les exemples capables de les y porter; elle donnera à ton diſcours un caractere ſi vif & ſi animé, qu il n'eſt point d'ame ſi froide, qui ne ſe ſente incontinent embraſée, par l'ardeur qu'on verra parêtre en toutes tes exhortations. Veux-tu conſoler un cœur deſolé, qui gemit & qui s'abbat ſous le fais de ſes malheurs? la parole de Dieu te fournira les moyens de relever une ame abbatuë, de fortifier un cœur languiſſant, & d'inſpirer la force & la patience, à tous ceux qui en ont beſoin, ce flambeau qu'un Paſteur a dans ſa main, diſſipe la nuit la plus noire des afflictions, écarte les plus épaiſſes tenebres de la triſteſſe & de la douleur, & fait vivre dans la paix, ceux qui ſe voyent engagés dans les plus violens orages. Ce que la fable dit des Alcions, la verité nous le dit de la parole de Dieu, elle fait trouver le calme, au milieu des plus horribles tempeſtes. C'eſt un lenitif qui aſſoupit les plus cruelles douleurs; un baume qui conſolide les playes les plus profondes, & les plus mortelles; c'eſt un remede infallible, qui guerit abſolument tous les maux, ſur leſquels il eſt appliqué. Paſteurs conſolés-vous, ſi vôtre tâche eſt grande, le ſecours que Dieu vous fournit eſt encore plus grand, ſi vos fonctions ſont diverſes & en grand nombre, cette parole de Dieu dont vous étes les diſpenſateurs, vous ſuffit pour tout: Elle a cent uſages, ſi vous avés l'addreſſe, & le ſoin de vous en ſervir.

Elle eſt un MARTEAU, dit le Prophete
Jerem. 23. 29. Jeremie; Employés-le, ce MARTEAU puiſſant. Frapés à grans coups, ce cœur de rocher, cette ame de bronze, qui n'a pas voulu s'amo-

lir ; ne la quittés point, qu'elle ne soit en pieces, toute rompuë & toute brisée, d'une contrition salutaire. Elle est une EPEE dit saint Paul, mettés en usage ce divin glaive de l'esprit, dont vous étes armez ; qu'il chasse les demons, qu'il estonne le monde, l'enfer, & les puissances de l'abisme, par cette sacrée lueur dont il brille. Faites trembler tous les ennemis de Dieu, lors qu'il le verront luire dans vos mains, que la chair, & le vieil homme, en soyent transpercez jusques dans le fond du cœur, qu'ils meurent, & qu'ils expirent à vos yeux. Elle est un FEU comme Dieu la nomme luy méme ; Appliquez ce feu sacré sur tous les pecheurs, fondez cette glace qu'ils ont dans le cœur, au lieu de cette froideur, & de cette indifference qu'ils ont pour les interets de Dieu, tachez d'allumer en eux, cette heureuse flamme dont le saint Esprit est la source, donnés leur les pensées, les mouvemens, & les ardeurs que la Charité inspire. Elle est *le bras de l'Eternel, le Sceptre de sa force & la puissance de Dieu en salut à tout croyant*. Faites valoir ce Ministere de l'esprit au salut des hommes, qu'ils en sentent la vertu à la destruction du vice : ne craignés pas de vous épuiser, si vous cherchez dans la parole de Dieu, le sujet de vos discours, sa Plenitude infinié supplera à tous vos besoins ; Elle vous ouvrira de grandes sources, & de

Ephes. 6. 17.

Ierem. 23. 29.

Esaie. 53. 1. Psea. 10. 2. Rom. 1. 16.

riches magasins, pour fournir avec abondance, à toutes les fonctions de vôtre saint Ministere. Ce que j'ay dit d'une maniere étenduë, saint Paul le dit dans le verset precedent, mais il le dit à sa façon, c'est à dire d'une maniere courte & resserrée, & qui dans fort peu de paroles, renferme un grand sens, *Toute l'Ecriture*, dit l'Apôtre, *est divinement inspirée, elle est profitable à endoctriner, à convaincre, à corriger & à instruire selon justice, afin que l'homme de Dieu soit accompli & parfaitement instruit à toute bonne œuvre.*

Mais pour produire tous ces grand effets, dont saint Paul vient de parler, ce n'est pas assez d'avoir cette parole de Dieu, les particuliers jouïssent de ce privilege ; il faut que l'homme de Dieu fasse davantage ; qu'il la mette en œuvre; qu'il fasse valoir ce talent qui luy est commis. Il faut que des volumes sacrez dans lesquels elle est contenuë ; elle passe dans sa bouche, & qu'il en soit le Predicateur. C'est là le devoir que S. Paul exige de son disciple, *presche la parole.*

Il est hors de doute que la parole de Dieu luë dans nos maisons est d'un grand & d'un singulier usage ; soit pour la correction de nos mœurs ; soit pour la consolation de nos ames ; soit enfin pour entretenir nôtre foy, nôtre esperance, nôtre charité, & toutes les vertus chrétiennes, mais lors qu'elle est préchée cette parole de Dieu ; qu'elle eſt expliquée par un homme, que Dieu a oint de ſon onction, qu'il a marqué de ſon caractere, & reveſtu de ſes graces ; elle fait des impreſſions plus vives & plus profondes.

Il faut avoüer que la parole de Dieu, a quelque choſe, de plus efficace, & de plus touchant, en la bouche d'un Predicateur que l'eſprit de Dieu ſoûtient & anime ; ce feu qui brille dans ſes yeux ; cette ardeur qui paroiſt ſur ſon viſage ; ces tons élevez qui animent ſa predication ; ce geſte qui frape le cœur au méme tems qu'il touche la veüe ; ce don qu'il poſſede de dire les choſes, d'un air émouvant ; ſes manieres douces & inſinuantes qui luy gagnent une ame, ſans qu'elle s'en apperçoive ; ſa netteté dans le dogmatique ; ſa vehemence dans les paſſions ; ſa grandeur dans les matieres élevées ; ſa clarté à démeler les choſes les plus confuſes & les plus embaraſſantes ; ſon adreſſe a rabaiſſer à la portée des plus ſimples, les plus hauts miſteres ; Ces exemples qu'il employe, ſi propres & ſi juſtes, pour parvenir à la fin qu'il s'eſt propoſée ; ces exhortations pleines d'aiguillons, de traits & de flammes, qu'il ſcait pouſſer avec tant d'ardeur ; ces élans ſacrez qui l'emportent, & qui emportent, avec luy tous ces auditeurs ; ſa diction mâle & vigoureuſe, pleine de force & de majeſté, qui ne tient rien de la moleſſe du siecle, ni du caractere de ses Orateurs; son eloquence toute Divine & toute celeste qui va toûjours en croissant, qui se rend toûjours plus forte, plus rapide, plus impetueuse, qui coulant au commencement de sa bouche, comme un paisible ruisseau, se grossit comme un torrent, à mesure qu'il s'avance; & s'enfle, enfin comme ces grans fleuves, qui à pleines vagues, se repandent par dessus leurs bords, & inondent toutes ces vastes campagnes qui les environnent; toutes ces choses unies dans un homme que Dieu appelle pour travailler à son œuvre font de grands effets. Un Predicateur qui sent sa vocation, & la force de Dieu qui l'anime, est le Maître des esprits & des cœurs des hommes, il les touche, il les meut, il les persuade, il les fléchit, & les tourne du côté qu'il veut. Un tel homme attire les ames par un aimant si doux & si fort qu'elles ne peuvent s'en deffendre.

Tel vit-on autrefois l'Apôtre saint Pierre
Actes des Ap. 2. 3. preschant l'Evangile. Le saint Esprit ne fut pas plûtost tombé sur luy, & sur les autres Apôtre sous la forme de langues embrasées, que la sienne devint une langue de feu, pure, active, penetrante, & remplie d'une ardeur divine, il Presche dans Jerusalem, ce méme Jesus, qu'on venoit tout fraichement d'élever sur une croix. Il le presche à ces meurtriers, qui avoient mis à mort le Saint & le Juste, &

dont les mains étoient rouges encore du Sang innocent qu'elles avoyent versé ; le lieu, le tems, les personnes, le sujet qu'il traite, tout luy est contraire. Il n'y a aucune apparence que sa predication soit suivie, d'aucun succéz favorable. Cepandant ce divin Predicateur manie ce sujet avec tant de force, il y insiste d'une façon si puissante, il depeint leur crimes avec des traits si touchans, & des couleurs si noires, il les exhorte d'une maniere si vive ; & si enflammée, que sa voix comme un traict celeste perça ces cœurs endurcis. Sa parole fut veritablement cette epée à deux tranchans, qui atteint jusques à la division de l'ame, & de l'esprit, des jointures, & des moüelles, ces cœurs d'acier sentirent la pointe de ce divin glaive que l'Apôtre saint Pierre avoit mis en œuvre, ils eurent dit saint Luc componction de cœur & s'écrierent aussi tost Actes des Ap hommes freres que ferons nous. Trois mille 2. 37. 4 ames furent gagnées à JESUS CHRIST par la force d'une seule Predication.

Tel vit-on saint Paul, cét organe choisi de l'esprit de Dieu, cét Apôtre des Gentils, qui leur présha l'Evangile, avec tant de lumiere & d'evidence ; qu'ils quitterent ces fausses divinités, qu'ils avoyent suivies. Jamais bouche humaine ne présha le Fils de Dieu avec plus de force ; jamais Ministre de l'Evangile n'annonça les misteres du salut, avec un

plus grand & plus merveilleux succéz; jamais l'Eglise de Dieu, n'a eu un Predicateur, ni plus éclairé, ni plus émouvant Tout cede à sa vehemence & à son ardeur. On l'a veu tout chargé de chaînes faire trembler un Felix; le juge pâlit sur son tribunal, tandis que son prisonnier au milieu de ses liens luy parle d'un ton assûré. Il luy peint le jugement de Dieu si horrible, qu'il n'en peut souffrir le discours; Il ne veut pas qu'il acheve un tableau, dont les premiers traits, & la simple ébauche, l'avoyent mis déja, dans la frayeur & dans le
Actes 6. 28. desordre. *Va ten*, dit-il, *& quand j'auray opportunité je te rappelleray.* C'est la predication de ce bienheureux Apôtre qui donne à la Religion Chrétienne une forme si belle & si attrayante qu'Agrippa se confesse à demy vain-
Actes 4. 26. cu, *Peu s'en faut*, dit-il, *que tu ne m'ayes persuadé d'estre Chrétien.*

C'est la predication de la parole de Dieu qui a fait tout ce grand, & merveilleux changement, que l'Evangile a apporté dans le monde; c'est elle qui à converti l'Univers, éclairé les peuples, détruit le Judaïsme & le Paganisme; C'est-elle, qui a dissipé ces tenebres, dont la terre étoit couverte; C'est-elle qui a renversé tous les fondemens de l'Empire de Satan, qui a fermé ses temples, décrié ses idoles, confondu ses erreurs, & reduit tous ses oracles au silence; C'est à la Predication de la parole de Dieu, que le regne de JESUS CHRIST, doit ſon entier établiſſement. Le premier monde fut creé par la parole de Dieu, qui proceda immediatement de luy méme; le ſecond monde eſt reſtably, par la parole de Dieu, entant qu'elle eſt annoncée & preſchée par le Miniſtere des hommes. Dieu ſans nous a fait le Ciel, mais ſans nous il ne veut pas le remplir, d'ames bien heureuſes.

Pour venir à bout d'un ouvrage ſi important & ſi difficile, ſaint Paul recommande à Timothée l'aſſiduité & la vigilance, *Preſche*, dit-il, *en tems & hors tems* Un Paſteur qui forme la ſainte reſolution de s'acquiter de ſa charge, doit vaquer à cét exercice, conſtamment & aſſiduëment; il faut qu'il s'y donne tout entier, ſans aucun relâche; qu'il n'interrompe jamais ce ſacré devoir ſi l'occaſion s'en preſente favorable; qu'il l'embraſſe à la bonne heure, & ſe ſerve de cet avantage que la providence de Dieu luy met à la main; qu'il ménage ces heureux momens; qu'il s'embarque, & face chemin, tandis qu'un bon vent ſouffle dans ſes voiles, & le peut conduire à ſon port. C'eſt alors qu'il doit preſcher *en tems* comme parle l'Apôtre ſaint Paul.

Mais ſi l'occoſion ne ſe preſente pas d'elle-méme, qu'il la cherche, qu'il l'attire, qu'il la face venir de loin, qu'il tourne tellement les choſes, qu'elles luy donnent ſujet d'en parler;

qu'il y insiste dans les momens, qu'on jugeroit les moins propres, & les moins commodes; qu'il face son conte qu'il n'y a point de contretems pour annoncer l'Evangile; Que ce soit la sa tasche, & son entretien, qu'il n'abandonne jamais; qu'il presche en tout tems, en tout lieu, en toute rencontre, le jour, la nuit, dans le travail, & dans le repos, dans le loisir & dans le tracas des plus pressantes affaires. Un Pasteur s'abuse de s'imaginer, que lors qu'il est descendu de chaire, il n'est plus dans l'obligation de prescher; s'il ne presche plus en public, il doit prescher en particulier; s'il ne parle plus avec soin, & preparation, il le doit faire d'une maniere plus aisée, & plus naturelle; il doit parler sans étude, sans meditation, dire simplement les choses qui luy viennent dans l'esprit, selon les occasions diverses qui se presentent à luy. Ces predications libres & naturelles, nées sur le champ, & poussées par la seule ardeur du zele qui nous anime, ont je ne sçay quoy de plus édifiant, elles sont plus touchantes, plus circonstantiées & mieux appliquées aux usages & necessités des hommes.

Jesus l'accompli modelle des Predicateurs, a toûjours presché de cette façon; il presche à une femme Samaritaine, sur le bord du puis, ou elle puisoit de l'eau; il presche à la table du Pharisien qui l'avoit convié à manger chez luy ; il presche dans une nacelle ou dans un desert lors que des troupes l'y suivent. Le texte qu'il prend, c'est l'occasion qui se presente, c'est elle qui luy fournit le sujet qu'il traite, & la forme des expressions qu'il employe. La charité qu'il a pour les hommes, le tient toûjours occupé, il y travaille sans relâche, il abandonne son repos, pour avancer leur salut. *Il y insiste en tems & hors tems* pour me servir du langage de l'Apôtre.

En effet le cœur de l'homme est comme ces terres ingrates, sur lesquelles, le soc, & la charuë, doivent passer une infinité de fois, si un laboureur est dans la peine & dans le travail, durant le cours de l'année ; si on le voit la sueur sur le front & la bêsche dans la main, courbé vers la terre, pour donner à son champ, la culture dont il à besoin, les Pasteurs de l'Evangile plaindroient ils leur peines, épargneroient-ils leurs travaux pour l'heritage du Seigneur ? Verroient-ils monter les épines & les chardons sur ce champ mystique, sans se mettre dans le soin & dans la peine de le nettoyer ; il n'y à qu'un grand & opiniatre travail qui puissent donner à leur Ministere un succez avantageux. Il y a tant de vices à combatre dans le cœur de l'homme, tant de pechés à surmonter, & tant d'ennemis à vaincre, qu'on y doit travailler sans cesse ; avés-vous éteint les ardeurs de la convoitise ? les flammes de la colere s'allumeront incontinent, & vous donneront de nouvelles peines; avés-vous abbatu l'orgueil? aussi-tôt l'avarice paroîtra sur le rang, & vous donnera un nouvel employ. C'est une hidre à cent testes, si vous en coupés quelques-unes, d'autres reviennent en leur place & se produisent au méme moment.

C'est pour cela que saint Paul, ne veut pas seulement que le Ministre qu'il forme soit actif & vigilant; il veut encores, qu'il soit severe & qu'il use de reprehension, *tanse*, dit-il, *& repren*, c'est icy le sel de la Predication, ce qu'elle a de plus acre & de plus cuisant, l'homme dort, il faut que les menaces, & les cris, le réveillent de son sommeil; il est stupide, & létargique, il faut le piquer & le poindre pour le faire revenir a luy; il à comme dit saint Paul *une conscience cauterisée*, il faut porter dans sa playe, le fer & le feu, pour luy faire reconoître le pitoyable état où il est. Puis que les voyes douces & accommodantes, n'ont pû le ranger, il faut que le terrible & le menaçant soient mis en usage. C'estoit-là le caractere des anciens Prophetes, tous leurs discours sont tournés à l'invective, & à la censure, ils declament d'une maniere tragique & d'un air effrayant; ils ont à la main la verge de Moïse, & à la bouche, ces foudres, & ces éclairs, qui parurent sur SINA. Vous n'entendés que tonneres, que menaces, que maledictions, qu'ils

1. à Timothée 4. 2.

dénoncent à leur peuple de la part de l'Eternel. Saint Jean Baptiste qui estoit Prophete, & plus que Prophete, parloit toûjours sur ce ton, pour effrayer les Juifs; il tanse, il reprend, il censure, il chastie le vice avec une liberté qui n'eut jamais son égale. Il n'estoit pas de ces Predicateurs radoucis, qui flattent les hommes, qui s'accommodent à leurs foiblesses, qui leur mettent des oreillers sous la teste pour les endormir. Sa voix n'estoit ni flatteuse ni commode, & n'avoit rien de ces honteux ménagemens qu'on cherche aujourd'huy. Elle estoit menaçante, effrayante, allarmante, capable de réveiller les pecheurs les plus endormis. La foudre, quand elle éclate du sein de la nuë, ne fait pas plus de bruit dans l'air que la voix de ce Serviteur de Dieu en faisoit dans la Judée. Elle traite d'incestueux le cruel Herode, sans avoir égard à sa dignité; elle appelle les Sacrificateurs & les Pharisiens, une engeance de viperes, sans considerer les charges dont ils estoient revétus; tous y passent, grands & petits, sans s'arrester à l'élevation des uns, ni à la bassesse des autres. Elle frape l'Ephod & le Diadéme, le Sceptre & la Tiare, s'ils sont soüillez par le vice: elle n'épargne ni le cedre du Liban, ni l'hyssope du Desert. JESUS-CHRIST luymesme avec tout ce grand fond de patience & de bonté, de misericorde & d'amour, qu'il

S Matthieu 14. 4.

S Matt 3. 7.

a fait paroiſtre dans ſon Miniſtere, a bien ſouvent armé ſes exhortations de ces traits piquans. Emû d'une ſainte jalouſie pour les intereſts de Dieu, & du zele de ſa Maiſon, il fait éclater les cenſures les plus vives & les plus touchantes du monde. Cet Agneau de Dieu rugit quelquefois comme un Lion. On l'a veu, le foüet à la main & les menaces à la bouche, chaſſer de ſon Temple ces impies qui le prophanoient; on l'a veu crier de toute ſa force: *Malheur ſur vous, Scribes & Phariſiens hypocrites*, il les nomme à haute voix
.Matt. 3. 13. *parois blanchies, ſepulchres couverts, meurtriers*
7. 32. *des Prophetes, & enfans du Diable.* Un Pa-
. Iean ſteur ne ſçauroit manquer à ſuivre tous ces
: 44. grands exemples; ſa predication ſeroit molle & languiſſante, ſi elle n'eſtoit animée par la cenſure du vice. Il faut qu'il étonne, qu'il accable, & qu'il jette dans la confuſion un pecheur impenitent; qu'il ouvre l'Enfer, & qu'il montre à ce miſerable qu'il veut convertir, le feu qui y brûle, & la main armée de Dieu qui le doit punir eternellement. Telle doit eſtre la conduite d'un Paſteur envers ces méchans qui s'abandonnent au vice, & qui font gloire de l'impieté. J'avouë que le nombre eſt grand de ceux qu'il faut traiter de la ſorte; mais enfin il n'eſt pas ſi grand, qu'il n'y ait toûjours quelques gens de bien dans l'Egliſe, quelques bonnes Ames qui

s'attachent à la pieté, & qui en embrassent l'étude : ceux-cy n'ont pas besoin de ces rudes reprehensions, de ces violentes censures dont nous vous avons parlé. Tout ce qu'un Pasteur doit faire envers eux, c'est de les solliciter doucement au bien, où ils se portent d'eux-mesmes. C'est de leur en representer les raisons & les motifs d'une façon evangelique, c'est-à-dire pleine de tendresse, de douceur & de charité.

C'est-là le dernier devoir que saint Paul recommande à Timothée, *exhorte*, dit-il, *en toute douceur d'esprit & de doctrine.* On peut bien dire que l'instruction & l'exhortation sont les deux chef-d'œuvres d'un Ministre, l'un porte sur l'esprit, l'autre sur le cœur, l'un éclaire, l'autre échauffe, l'un nous rend sçavans, & l'autre vertueux, l'un demande la clarté, la methode & l'évidence des preuves, pour l'autre la force, l'ardeur & la vehemence y sont necessaires.

Un Pasteur qui veut reüssir dans l'exhortation, doit connoistre le fort & le foible de l'esprit humain ; sçavoir quels sont les ressorts qui remuënt cette machine, & la font agir ; quelle est la pente de ses inclinations, & la nature de ces passions diverses qui se forment dans son cœur. Il faut qu'il sçache necessairement cet art difficile, d'exciter & de calmer ces tempestes, qui s'élevent dans le ſein de l'homme ; qu'il le prenne par les motifs qui le touchent, & qui ſont capables de faire impreſſion ſur luy ; qu'il entre dans une ame pour s'y en rendre le maiſtre, qu'il la touche, qu'il la renverſe ſens deſſus-deſſous, qu'il triomphe de ſes paſſions, & qu'il en faſſe tout ce qui luy plaiſt.

C'eſt là le dernier effort d'un homme qui parle ; c'eſt ce doux & puiſſant empire qu'il exerce ſur les cœurs. Saint Paul comprend tout cela par ce ſeul mot qu'il employe, *Exhorte.* L'exhortation n'eſt pas une nuë & ſimple repreſentation de ce qu'un homme doit faire, une froide & languiſſante ſollicitation qui le porte à ſon devoir. Il faut que l'exhortation faſſe davantage, elle doit propoſer les choſes d'un air touchant, d'une maniere étenduë, avec des termes vifs, preſſans, animez, qui jettent le feu dans l'ame, & qui la mettent dans l'embraſement. Ce n'eſt pas aſſez que cette Ame émuë vous ſuive, par les impreſſions que vous luy avez données. Il faut qu'elle ſoit entraînée, emportée, enlevée avec violence par ces rapides diſcours qui ſortent de voſtre bouche ; qu'elle ne balance, & n'heſite point ſur le party qu'elle doit prendre ; mais qu'elle ſe tourne du coſté que vous voulez, & ſe détermine par les puiſſantes & invincibles raiſons que vous luy avez propoſées. Il faut parler avec tant de force, d'ardeur & de vehemence, qu'un cœur ne ſoit plus capable de vous reſiſter, qu'il entre toûjours dans vos ſentimens, qu'il épouſe vos paſſions, & ſoit comme une argile qui reçoive de voſtre main les impreſſions & les formes que vous voulez luy donner.

Comme la taſche eſt grande, laborieuſe & difficile, qu'il faut beaucoup de ſoins & de peines pour ranger une ame, aux termes de ſon devoir, Saint Paul veut que Timothée accompagne ſes exhortations de deux qualitez. La premiere eſt la douceur de l'eſprit, & la ſeconde la doctrine & l'enſeignement: *Exhorte*, dit-il, *en toute douceur d'eſprit & de doctrine.*

Cette douceur dont S. Paul veut qu'on aſſaiſonne les exhortations, eſt bien digne de l'alliance de grace, dont nous ſommes les diſpenſateurs. Cette dureté de Moïſe & des Prophetes, doit le plus ſouvent eſtre bannie des Paſteurs de l'Evangile. C'eſt la grace que nous preſchons; c'eſt la miſericorde de Dieu que nous annonçons; ce ſont ſes compaſſions infinies que nous preſentons aux hommes: Peut-on choiſir des termes aſſez tendres, aſſez doux, aſſez engageans pour imprimer dans les ames ces veritez conſolantes, ne faut-il pas que la maniere dont on preſche, reſponde à la nature du ſujet que nous voulons propoſer? Preſcher la charité de Dieu avec un ton rude & des expressions choquantes, c'est avoir perdu le bon sens, c'est renoncer à la pieté, & s'opposer à l'édification des ames. Un Pasteur qui veut avancer le regne de Dieu, doit se piquer d'estre doux, & insinuant, plein de tendresse & d'amour pour ceux qui l'écoutent. Comme il leur presche la charité du Fils de Dieu, il doit répandre dans toutes les exhortations quelques étincelles de la sienne; il faut qu'elle se montre, & qu'on l'entrevoye au travers de tous ses discours, sans qu'il paroisse qu'il l'affecte, & qu'il en ait formé le dessein, le cœur de l'homme est fier & hautain, difficile à manier, il se cabre & s'irrite lors qu'on luy parle d'un ton élevé & d'un air imperieux. La douceur a infiniment plus de force pour gagner une ame, elle est plus puissante pour la porter à son devoir d'une maniere insensible.

Nous lisons que le Prophete Elisée, pour
des ressusciter le fils de la femme Sunamite, se
ois 4 racourcit à la mesure de son corps, il mit ses
4. yeux sur ses yeux, sa bouche sur sa bouche, ses mains sur ses mains, il se pancha tout entier sur luy, pour luy redonner la vie. C'est là une image de ce que doit faire un Predicateur. Il faut qu'il s'accommode à ses auditeurs, qu'il s'ajuste à leur foiblesse, qu'il se fasse tout à tous pour les gagner à Jesus-Christ.

C'est

C'eſt la Methode de S. Paul & ſa pratique ordinaire ; il traite avec chacun ſelon ſes principes, & luy parle ſelon ſa portée ; avec ceux qui eſtoient ſans loy, il agit comme ſi luy- 1. Cor.
meſme eut eſté ſans loy ; avec ceux qui 9. 19.
eſtoient ſous la loy, il traite comme ſi luy- 20. 21.
meſme eût eſté ſous la loy ; Juif au Juif, Gen- 22.
til au Gentil, fort au fort, foible au foible, pour voir, ſi en quelque ſorte, il pourra les convertir. Quelquefois c'eſt une aigle, qui à tire-d'aile vole dans le Ciel, tant il eſt haut & élevé dans ſes meditations & dans ſes penſées. Quelquefois il ſe rabaiſſe comme un homme du commun, il rampe à terre, & begaye pour ainſi parler, pour ſe rendre plus intelligible & plus accomodant, il n'eſt pas de ſes predicateurs guindez qui ne ſçauroient jamais deſcendre, ni ſe relâcher tant-ſoit-peu de ce vain orgueil qu'ils affectent ; il eſt doux, il eſt humble, il eſt traitable, il eſt commode & compatiſſant, il prend cent formes diverſes pour rendre ſon Miniſtere plus vtile, & plus fructueux. Il recherche tout ce qu'il y a dans le monde, de plus tendre & de plus paſſionné, pour marquer la parfaite amour qu'il avoit pour les fidelles. Quelquefois il ſe repreſente 1. Theſ-
comme une nourrice, qui tient dans ſon ſein, ſal. 2. 7.
& qui ſerre entre ſes deux bras, ſon cher enfant qu'elle allaite, quelquefois comme une mere qui avec de grans efforcs & de violentes

Gal. 4 19. tranchées, veut mettre au jour le fruit qui la presse. *Mes petits enfans*, dit-il, *pour lesquels enfanter je travaille encore jusqu'a ce que* .Thes. al. 2. 12. *Christ soit formé en vous.* Quelquefois comme un Pere qui avec beaucoup de peines & de soins, veut former ses enfans à la vertu, mais sous quelque image qu'il se represente c'est toûjours d'une maniere pleine de douceur, de tendresse, & de bonté; toûjours les prieres à la bouche, & bien souvent les larmes aux yeux. Ministres de JESUS CHRIST qui annoncés sa parole, moulés-vous sur ce grand exemple, imités ce parfait modelle, parlés comme saint Paul, si vous voulés comme luy triompher des ames.

Pour le faire avec plus de force & plus de succés, il veut que nous accompagnions nos exhortations de la lumiere de l'enseignement, que nous instruisions, ceux que nous pretendons émouvoir, que nous leur mettions devant les yeux & dans l'esprit des raisons solides pour les porter à leur devoir. C'est par là qu'il finit son exhortation & qu'il acheve de former son Timothée, *exhorte*, dit-il, *en toute douceur d'esprit & de doctrine.*

C'est icy la regle la plus importante que les Pasteurs doivent pratiquer, tout ce qu'ils disent, tout ce qu'ils avancent, doit estre fondé sur une doctrine solide; sans cela ils parlent en l'air, & poussent leur voix inutilement ; tout ce grand bruit dont ils frapent les oreilles ne porte aucune idée à l'esprit. Il n'est point émû, comme il le doit estre, parce qu'il n'est pas éclairé ; la lumiere luy manque, comment auroit-il une veritable chaleur pour la Pieté? Voicy donc tout le secret de cet Art, & le grand principe, sur lequel doivent agir, les Predicateurs qui se mélent d'émouvoir les passions. La bonne & la solide exhortation doit estre fondée, sur la lumiere de l'esprit, sur la force & sur l'evidence des preuves, qu'on met en avant, la volonté que vous pretendez toucher, par l'exhortation, est une puissance aveugle, elle a besoin d'un guide, qui l'adresse, & qui la conduise, si vous voulez qu'elle fasse son devoir ; il faut que la verité, soit comme un flambeau allumé dans l'entendement. Pour estre puissant sur le cœur, il faut l'estre auparavant sur l'esprit ; Il faut qu'une ame soit bien persuadée, & bien convaincuë, de ce qu'elle est obligée de faire, pour se porter avec ardeur à la pratique du bien. Ces Predicateurs violens, emportez, qui s'agitent sur la chaire ; qui étourdissent le monde à force de cris, sans se mettre en peine d'instruire ceux qui les écoûtent, ces gens me font souvenir, de ces fusées qui sifflent en l'air, qui s'y élevent avec un grand bruit, qui y jettent au commencement beaucoup de lumiere & beaucoup de flammes, mais tous ces feux d'artifice, ne durent pas un long-temps; leur foible lueur est bien-tost éteinte, ils disparoissent au méme temps qu'ils se montrent, & ne laissent aprés tout cela qu un peu de fumée au milieu de l'air. Un vray Pasteur de l'Evangile est comme saint Jean qui nous est marqué avec cet éloge, qu'il *estoit une Chandelle luisante & ardente*; il luit par sa doctrine, & il embrase par son exhortation, il luit pour dissiper par la force de ses enseignemens les tenebres de l'ignorance, & il brûle pour allumer dans les ames le feu sacré de l'amour de Dieu; il luit dans l'esprit, par les lumieres qu'il y verse, & il brûle dans le cœur par ce zele ardent qu'il y fait naître & qu'il y allume; il pratique ce que luy ordonne saint Paul, *exhorte en toute douceur d'esprit & de doctrine.*

Evang. Jean. 35.

APPLICATION.

JUsques á present saint Paul a parlé à Timothée, il est temps, mon frere, que je parle à vous, il est temps que je vous applique tout ce long discours où je me suis étendu. Plût à Dieu que l'exhortation que j'ay à vous faire, fut animée du feu de saint Paul. Que ne puis-je vous parler avec cette force, cette ardeur, cette vehemence qui luy étoit ordinaire! Ma voix n'est qu'un foible écho de la sienne, il faut pourtant qu'elle vous representе aujourd'huy, le méme Dieu, la méme charge, les mémes devoirs qu'il presentoit autresfois à ce cher Disciple. C'est devant Dieu l'auteur de vôtre vocation & de vôtre Ministere, que je vous somme aujourd'huy. C'est luy, mon frere, qui vous a mis à part dés le ventre de vôtre mere, & qui vous a appellé par sa grace. C'est luy qui vous a donné dés vos premieres années la sainte resolution de vous consacrer à sa gloire. Ce vif aiguillon que Dieu luy méme a mis dans vôtre ame, l'a si bien touchée, que l'amour du saint Ministere a toûjours été la plus chere & la plus ardente de vos passions; ny le mépris que le monde en fait, ny les traverses qu'on luy suscite, ny les peines qui l'accompagnent, ny les difficultez presque insurmontable qu'il y a pour y reüssir; tout cela ne vous a point effrayé, vôtre zele a surmonté ces obstacles. On vous à veu comme un autre Timothée, brûler d'un beau feu, & avancer avec une ardeur extreme, un si genereux & si loüable dessein. Dieu soit benit qui couronne aujourd'huy vos soins & vos peines, & vous accorde ce grand souhait de vôtre ame. Enfin ce Pere de misericorde s'est laissé flechir à vos vœux & à exaucé vos prieres. La voicy l'heureuse journée que vous attendiez depuis si long temps; elle luit à vos yeux avec toutes les marques de la benediction de Dieu. Vous entrez aujourd'huy dans le Sanctuaire pour y travailler à l'œuvre du Seigneur; Dieu vous fait un officier dans sa maison, un Heraut de sa verité, un Predicateur de son Evangile, un Econome des sacrez Thresors, que sa grace communique aux hommes. Il vous confie tout ce qu'il a de plus precieux, sa parole pour précher, ses Sacremens pour les administrer, son Eglise pour la conduire.

Que cette pensée, mon frere, que c'est Dieu qui vous appelle, vous anime & vous inspite du feu & du courage pour la gloire de vôtre maître, qu'elle vous donne une ame ferme, & un esprit genereux. Qu'il ny ait point de consideration humaine, qui vous fasse relacher; point d'interest de la chair & du sang qui vous fasse gauchir tant soit peu de la droite voye que vous devez suivre. Vous ne manquerez pas d'épreuves dans la vocation sainte que vous embrassez; aux seules approches de la Ceremonie sacrée que nous faisons aujourd'huy, le Ciel s'est noirci, l'orage a grondé, les menaces ont precedé vôtre entrée dans le Ministere; que ces traverses, mon frere, ne vous troublent point; ce sont là les suittes ordinaires de la vocation de Dieu. Si vôtre tête blanchit dans le Ministere, vous verrez bien éclater d'autres orages, qu'il faudra que vous éssuyez necessairement, de bonne heure faites vous en une habitude, raffermissez vôtre cœur, soyez intrepide, faites toûjours ce que vous devez vous ne manquerez pas de protecteur; qui a Dieu de son côté, n'a rien à craindre, & qui execute ses ordres ne doit rien apprehender: quand toute la terre vous seroit contraire, toute la terre ne vous sçauroit nuire si Dieu vous couvre de sa bonne main. Que nulle autre frayeur que celle de luy déplaire, n'entre jamais dans vôtre esprit. Qu'il ny ait rien dans vôtre conduite qui ne soit ferme & genereux, digne du Dieu dont vous avez l'honneur d'estre le Ministre, & de la verité celeste, qu'il a commise à vos soins.

Pensez nuit & jour à ce grand Juge des vivans & des morts, sur chaque fonction de vôtre saint Ministere, dites en vous méme, que respondraie à Jesus-Christ, lors qu'il faudra comparoître au pied de son tribunal, je suis chargé d'un grand nombre d'ames, leur salut est attaché au mien, je ne puis separer ce que Dieu a uni; je suis responsable de leur damnation, si elle arrive par ma faute, qu'elle seroit ma confusion dans la lumiere de ce jour, si cet ignorant que je n'ay pas instruit, ce vitieux que je n'ay pas corrigé, ce chancelant que je n'ay pas raffermy, ce

pecheur errant que je n'ay pas ramené dans le bon chemin ; si ces gens s'élevoient en jugement contre moy & m'accusoient de leur perte ; qu'elles défenses pourrois-je opposer à ces justes plaintes, qu'ils porteroient contre ma conduite ; quel inconsolable regret de les voir perdus pour jamais, pour avoir manqué aux fonctions de mon Ministere : Qu'elle honte à un Pasteur de voir que ses propres Brebis deviennent ses accusateurs , & qu'au lieu d'étre *sa joye & sa couronne* au jour du Seigneur, elles soient ses parties qui demandent sa condamnation devant le jugement de Dieu ? Mon frere, ne tremblez vous pas jusques dans le fond de l'ame , ne sentez vous pas qu'une secrete horreur se répand dans vôtre sein, au méme temps que cette idée épouvantable frape vôtre esprit ? Saint Paul luyméme ny pense jamais que cette pensée ne l'étonne & réveille ses soins. Sçachant dit il
Cor. 11. *ce que c'est de la frayeur du Seigneur , nous induisons les hommes à la foy*. saint Pierre s'écrie,
Epist. Pier. 11. *veu que toutes choses se doivent dissoudre quels nous faut-il ètre en sainte conversation & œuvres de pieté , en attendant & vous hâtant à la venuë du jour de Dieu.* C'est là l'aiguillon qui perçoit l'ame de saint Chrisostome, qui la tenoit toûjours en inquietude : qui luy donnoit cette pieté active, ce cœur genereux, cet esprit ardent toûjours appliqué aux fonctions

de sa charge. *Quoy que je face, dit il, dans quelque lieu que je me trouve, il me semble toûjours de voir* JESUS *assis sur son tribunal; ce grand objet m'occupe, me remplit, me tient toûjours en haleine; j'y pense le jour, la nuit, dans la compagnie, dans la solitude, dans le travail & dans le repos; il me semble à tous momens que la trompette de l'Archange sonne, & que mes oreilles sont toûjours frappées de cette èclatante voix. Morts sortez de vos Sepulchres & venez au jugement.*

Voulez vous, mon frere, mettre vôtre esprit, dans un assiette tranquille, & vous affranchir, de ces mortelles frayeurs, faites vôtre charge; préchez la parole, expliquez ses sacrez oracles, annoncez ses veritez éternelles; tirez de ces mines les tresorts qu'elles renferment; representez à vôtre troupeau ses menaces pour les craindre, ses jugemens pour les éviter, ses promesses pour les embrasser, ses consolations pour les recevoir, & ses loix si pures & si saintes pour regler sur elles toute leur conduite: Puisez dans ces sources sacrées, ces eauës saillantes en vie éternelle, dont vous l'arrosiez continuellement. Il n'y a que la parole de Dieu la mere & la nourrice de la pieté, qui soit la fidelle gardienne d'une ame. Un Pasteur sans la parole de Dieu, est un Pilote sans étoille, sans boussole & sans gouvernail; son Vaisseau n'a point de route assûrée, & ne peut avec tous ses soins éviter un triste naufrage: quelle soit la regle de vos discours & le fond de toutes vos predications, ne craignez pas de vous épuiser jamais si vous puisez dans cette source, sa richesse supplera à vôtre indigence, elle vous apprendra non seulement ce que vous avez à dire ; mais encore l'air & la maniere dont vous devez proposer les mysteres du salut; elle vous donnera cette langue des bien appris si necessaire à vôtre profession, vous y trouverez ce caractere touchant cette forme de parler, vive & animée, dont il faut que vous vous serviez pour toucher les cœurs. Où pourrriez-vous rencontrer ailleurs un homme éloquent comme un Esaië, élevé comme un Ezechiel, pateti-que comme un Jeremie, fleuri & abondant comme un Job. Cherchez-vous un langage, qui inspire la devotion? David vous le donne, voulez vous effrayer une ame? Moyse vous fournira ce caractere menaçant, la simplicité d'un saint Jean dans ses trois Epîtres, & l'élevation d'un saint Paul dans toutes les siennes, vous donneront des modelles que vous pourrez imiter; bornez vous uniquement dans la parole de Dieu ; elle vous fournit non seulement le sujet & la matiere mais encore la forme & le traits que vous devez employer.

Prêchez là cette parole de Dieu avec une ardeur qui ne se relâche jamais, insistez-y *en tems & hors tems.* Ce n'eſt pas aſſés, mon frere, d'avoir une fois préché un myſtere de l'Evangile ; il faut l'inculquer, le repeter, en rafraichir continuellement le ſouvenir & l'ideé ; la memoire des choſes celeſtes, s'éface de nôtre eſprit, comme vous voyez que ces caracteres qu'on écrit ſur l'eau, ou qu'on imprime ſur le ſable, ſe confondent & ſe diſſipent auſſi-tôt. Il faut fixer & attacher à l'eſprit ces idées fuyantes, qui ſeroient capables de luy échaper. Un pecheur ne ſe rend pas dés le premier moment qu'on luy parle, il eſt ſourd, il eſt dur, il eſt imployable, il a beſoin qu'on y revienne diverſe fois; qu'on le preſſe & qu'on le réveille par des exhortations frequentes. Un arbre n'eſt pas abbatu par un coup de hache, il faut porter pluſieurs coups les uns ſur les autres pour le renverſer, & pour couper toutes ſes racines par leſquelles il tient à la terre, l'ame de l'homme eſt encore plus dure & plus inſenſible: elle tient à la terre par des attaches plus fermes; il faut que ce *glaive* de la parole de Dieu, luy donne diverſes atteintes, qu'il la frape par des coups redoublés, pour retrancher toutes ces racines d'amertumes, qui bourgeonnent en haut.

Si vous remarqués dans vôtre troupeau un pecheur incorrigible, une ame obſtinée, un enfant de Belial qui ne veille pas ſubir le joug de la diſcipline, *tanſez*, *reprenez*, *menacez*.

comme saint Paul vous l'ordonne. Soûtenés en cette occasion la dignité de vôtre charge & le droit de Dieu. Criés contre cet avare qui ne veut point reconnoître d'autre Divinité que Mammon, declamés de toutes vos forces contre ce volupteux rompés ces chaînes, arrachés luy d'entre les bras cette Dalila qui le pert. Si quelqu'un pretend par sa qualité se mettre à couvert des censures de l'Eglise qu'il vous trouve aussi ferme qu'un rocher, un homme droit, inflexible, qui ne plie par aucune consideration, incaplable de flater le vice & de prevariquer dans sa charge, criés à plein gosier, ne vous épargnés point, *élevez vôtre voix comme une trompette, dites à Iuda son forfait & à la maison de Iacob son iniquité.*

Esaies 58. 1.

Criés si haut que ce Jonas endormi se réveille de son sommeil, poussés vostre voix avec tant de force, que le Lazare dé-ja puant se releve de son tombeau.

Si vous étes fort dans vos censures, soyés doux dans vos exhortations, vous avés en main la guerison des ames, imités les bons Medecins qui employent sur certains malades le fer & le feu, & n'ont pour les autres que des lenitifs & des remedes benins. Compatissés aux miseres de vostre troupeau; s'il y a quelque veuve desolée que l'ennuy accable, quelque famille affligée que la necessité presse, quelque bonne ame qui soûpire sous le faix de ſon peché; n'eteignés point ce lumignon fumant, ne briſés point ce roſeau caſſé, eſſuyés leurs l'armes, conſolés leur douleurs, penſés leur playes d'une main douce& charitable; témoignés leur que vous étes touché juſques au vif des maux qu'ils endurent, ouvrés leur toutes les ſources des conſolations divines; exhortés les à la patience & à la reſignation à la volonté de Dieu; qu 'ils vous trouvent tendre, miſericordieux, compatiſſant, à leurs miſeres, que voſtre douceur d'eſprit ſoit comme ce bois dont parle Moyſe qui adoucit les eauës de Mara.

Voulés-vous, mon frere, vous bien acquitter de toutes ces fonctions, voulés-vous reüſſir dans voſtre charge, fraper de grands coups & faire que vos exhortations, vos predications, vos cenſures produiſent toûjours leur effet, accompagnés les d'une bonne vie, une bouche ſainte eſt toûjours éloquente, & ne manque jamais de perſuader; un homme que le zele de Dieu enflamme, emporte les cœurs & flechit les volontés par la ſeule force de ſon bon exemple; ſa vertu donne du poids à ſon diſcours, & fait qu'il deſcend plus avant dans l'ame. Voſtre deſſein & voſtre devoir c'eſt de conduire au Ciel ce troupeau que Dieu vous donne, marchés à ſa tête, allés devant luy, qu'il n'ait qu'à ſuivre vos traces pour aller dans le bon chemin; que voſtre vie ſoit comme un flambeau qui l'éclaire & qui l'adresse en sa route, qu'il n'y ait rien en vous qui ne soit édifiant & de bon exemple, que vos mœurs soient graves, honnêtes, Evangeliques, dignes de la vocation sainte dont Dieu vous honore. Que tout y marque un homme de bien, un Pasteur fidelle, qui vit comme il préche, & qui n'a rien à cœur que la gloire de son Maître, & le salut des ames que Dieu commet à ses soins. Fuyés les desirs de la jeûnesse, la legereté, la vaine glore, l'amour de vous-méme, & les plaisirs du siecle; gardés-vous de ces defaux, où ceux de vostre âge n'ont pour l'ordinaire que trop de panchant; que vostre vie releve l'éclat & la gloire de ces beaux dons que vous possedés, qu'ils paroissent & jettent toutes leurs lumieres par une conduite pure & sainte. Ce sera un riche diamant enchassé dans un or precieux: ainsi le Ciel répande sur vous les plus douces & les plus benignes de ses influences, que la grace de Dieu soit sur vous & vous accompagne, qu'elle verse sur vostre personne & sur vostre Ministere, ses benedictions les plus precieuses, qu'il vous fortifie par son bras & vous rende plus que vainqueur dans tous les combats que vous soûtiendrés pour son nom & pour sa querelle, que la verité triomphe, que le vice soit abbatu, que la pieté fleurisse, par vos soins & par vos travaux, qu'il vous donne la lumiere, la force, le courage; la patience & l'ardeur qui vous sont necessaires dans ce glorieux employ où il vous appelle. A mesure que nous vous imposerons les mains qu'il vous couvre de la sienne, qu'elle vous revête de son Esprit Tout-puissant: Qu'il vous change en un autre homme & vous donne un esprit & un cœur nouveau, pour avancer les interests de sa gloire. *Amen.*

SUITTE DE L'EXHORTATION.

C'Est à vous, mes freres, à bien profiter de cet avantage que la misericorde de Dieu vous communique aujourd'huy : vous devés considerer avec respect ce caractere auguste qui luit sur le front de ce serviteur de Dieu, vous soûmettre à ses remontrances, écouter sa voix comme si JESUS-CHRIST luy-méme ouvroit sa sacrée bouche, & vous addressoit ses exhortations, c'est son Ambassadeur & son Ministre, qu'il a oint de son onction & consacré en sa charge selon les formes ordinaires; il va recevoir sous vos yeux le dernier sceau de sa vocation; vous revererés en sa personne J. C. luy-méme, puisqu'il est l'auteur du saint Ministere où nous l'installons aujourd'huy. C'est s'en prendre à Dieu & faire outrage à sa Majestéque de traiter avec mépris ceux qu'il envoye en son nom. Dieu qui est jaloux de sa gloire, ne manque jamais de venger l'injure qu'on fait à ses serviteurs; c'est à luy qu'on a à faire, c'est son effroyable vengance qu'on s'attire sur les bras; c'est ce prophane mépris qu'on à eu pour les hommes de Dieu, qui a plongé toute la nation Judaïque dans cet abîme de malheurs, où elle gemit depuis si long temps. *L'Eternel le Dieu de leurs Peres les avoit sommez par ces messagers mais il se moquoyent d'eux & méprisoient leurs paroles, jusques à ce que sa fureur s'alluma contre eux tellement qu'il n'y eût plus de remede.* Que ce grand exemple de la severité de Dieu, vous rende plus sages & plus avisés, ne vous arrestés pas à la foiblesse de l'organe, élevés vous à la grandeur du Dieu qu'il annonce; au travers de l'homme reconnoissés la Majesté infinie, de celuy dont il a l'honneur d'estre le Ministre: si c'est un homme mortel qui vous parle, souvenés-vous que c'est la parole du Dieu vivant qui resonne dans sa bouche: Elle ne peut estre sans effet, il faut qu'elle tuë ceux, qu'elle ne vivifie pas, & qu'elle soit une odeur de mort à ceux qui perissent, comme elle est une odeur de vie à tous c eux qui sont sauvés. Qu'elle produise en vous les salutaires effets ausquelles elle est destinée, qu'elle éclaire vos entendemens des rayons de sa lumiere divine; qu'elle embraze vos cœurs & vos volontés de son sacré feu, qu'elle purifie vos affections, & vous change en des creatures nouvelles, pleine d'amour

pour le

pour le Ciel & de mépris pour la terre. Que cet heureux flambeau de la part de Dieu qui vous luit, ne puisse jamais être éteint, qu'il éclaire à vos enfans comme il a éclairé à vos peres, qu'il passe de generation en generation jusques à la posterité la plus éloignée, qu'on voye briller sa lumiere aussi long temps que le Soleil luira dans les Cieux: Puisse ce troupeau joüir sur la terre de la grace du Seigneur, & posseder un jour dans les Cieux les richesses de sa gloire & de son immortalité. Amen.

PRIERE.

DIEU Tout-puissant & Pere de misericorde.

Nous avons commencé cet exercice par l'invocation de ton nom, nous le finissons par le recours à ta grace: jusques à present nous avons fait de nôtre costé tout ce qui nous à été possible, pour representer à ton serviteur la grandeur, & les fonctions de la charge où tu l'appelle; nous luy avons mis devant les yeux tout ce qu'il est obligé de faire pour répondre à sa vocation. C'est là, Seigneur, tout ce que nous pouvons, tout nostre Ministere n'est qu'exterieur, nostre voix peut bien toucher les oreilles, mais elle ne sçauroit aller jusques au cœur; si tu ne l'accompagnes de ta secrete vertu, nous plantons & nous arrosons, toy ſeul eſt capable de donner l'accroiſſement, toutes nos exhortations ne ſont qu'un air battu, un ſon inutille qui frape le corps ſans penetrer juſques à l'ame, il faut Seigneur, que tu agiſſe à meſure que nous parlons; & que tu employes ton bras à meſure que nous ouvrons noſtre bouche.

Dieu tout bon & tout puiſſant, ſource de lumieres, auteur de toute bonne donation, verſe à pleines mains tes graces ſur ton ſerviteur que tu vois proſterné en terre & les genoux fléchis devant toy, donne luy un eſprit éclairé des lumieres de ta connoiſſance, une ame droite & pure, un cœur ferme & genereux, des deſirs qui ne tendent qu'à l'avancement de ta gloire, & à l'établiſſement du regne de ton Fils; éleve toutes ſes penſées au-deſſus de l'homme, change ſon cœur, purifie ſes affections, inſpire luy des mouvemens ſi religieux & ſi ſaints, qu'il paroiſſe que ta gloire eſt l'unique fin qu'il cherche, & ton eſprit l'unique principe qui le fait agir; qu'il travaille ſous tes yeux, & faſſe ton œuvre avec une ardeur, une activité, une vigilance qui ne ſe relâche jamais; qu'il ſe conſacre tout entier aux fonctions de ſon Miniſtere, que les tracas du ſiecle & les vaines occupations de la terre, ne le détournent jamais de ce glorieux employ; qu'il ait ſon cœur, ſes yeux & ſes mains toûjours attachez ſur ce bien heureux troupeau que tu commets à ſa conduite; qu'il ne luy épargne point ſes ſoins & ſes peines, puiſque JESUS-CHRIST ton Fils ne luy a point épargné ſon ſang; que l'exemple de la charité infinie de ce divin Sauveur enflamme la ſienne & ſoit comme un aiguillon qui le pique nuit & jour; délie ſa langue & ouvre ſa bouche pour annoncer comme il faut tes divins myſteres; que ſa predication ſoit touchante & animée, pleine de ce feu celeſte, dont les Prophetes & les Apoſtres ont autrefois embraſé les cœurs; qu'il mette les verités Evangeliques dans un ſi beau jour, qu'il triomphe des erreurs avec tant de force, & qu'il repreſente ſi bien toutes les laideurs du vice, qu'il n'y ait point de volontés ſi rebelles qui ne ſoient gagnées à ton Chriſt; qu'il abbate au pied de ſa Croix les ames les plus orgeuïlleuſes & les plus ennemies de ſa verité; qu'il confonde les contrediſans, qu'il corrige les pecheurs, qu'il raffermiſſe les chancelans, qu'il conſole les cœurs abbatus, qu'il ramene dans le bon chemin ceux qui s'en écartent, & faſſe paroître ſur la terre au milieu de ſon troupeau toutes les lumieres & les ornemens du Ciel; donne luy une pieté ſolide, un zele ardent, une devotion ſans fard, une conduite ſage & exemplaire; que ſa vie réponde à ſa doctrine, & ſes mœurs à ſa predication, qu'il édifie ſon troupeau par la force de ſon bon exemple, autant que par ſes diſcours;

qu'il gagne les ames & les convertiſſe par les charmes doux & innocens d'une ſainte converſation, qu'elle ſoit un aimant qui les attire, un flambeau qui les éclaire, & un feu ſacré qui les embraſe d'amour envers toy & de charité envers le prochain; qu'il ait toûjours devant ſes yeux la divine charge dont tu le reveſts aujourd'huy pour ne rien faire qui en ſoit indigne, qu'il en ſoûtienne comme il faut tout le poids & toute la dignité; qne le ſerviteur ne mêle jamais ſes intereſts dans le ſervice qu'il rend à ſon maître, qu'il penſe uniquement à ta gloire & non à la ſienne lors qu'il parlera en ton nom; qu'il évite par ta grace cet éceüil ſi funeſte & ſi engageant, où les Paſteurs font bien ſouvent un triſte naufrage; que les flateuſes tentations que le monde luy peut preſenter ne le touchent point; que ſa vaine gloire n'eblouïſſe jamais ſes yeux pour le détourner de ſa charge; ſi quelque tempête met ſa patience à l'épreuve, fortifie le par ton bon Eſprit, ſoûtien le par ton bras puiſſant, & fais que ſa conſtance ſe maintienne toûjours dans une ferme & inébranlable aſſiette; qu'il ſoit comme ces rochers qui ne s'ébranlent jamais pour tous les coups de l'orage, mais qui s'affermiſſent par la violence des vens & des flots; qu'il pourſuive juſques à la fin l'heureuſe carriere où tu le fais entrer aujourd'huy, qu'il s'y avance à grand pas; qu'une nou-

nouvelle ardeur s'allume toûjours dans ſon ſein, que ces forces aillent en croiſſant, que ce glorieux Miniſtere qu'il commence dans la fleur de ſes années, s'étende juſques à ſa blanche vieilleſſe; qu'il te ſoit fidelle juſques à la mort, pour recevoir de ta main la Couronne de vie que tu as promiſe à ceux qui te ſervent.

A ce grand Dieu Pere, Fils & ſaint Eſprit, ſoit gloire & loüanges aux ſiecles des ſiecles. *Amen.*

NOUS ſouſſignez atteſtons que nous avons lû un Sermon de M. Berteau Miniſtre à Montpellier, ſur les paroles de ſaint Paul de la ſeconde Epître à Timothée; *je te ſomme devant Dieu, & devant le Seigneur* JESUS-CHRIST *qui doit juger les vivans & les morts, en ſon apparition & en ſon regne; préche la parole, inſiſte en tems & hors tems, repren, tanſe, exhorte en toute douceur d'eſprit & de doctrine.* Nous n'y avons rien trouvé qui ſoit contraire à ce qui s'enſeigne parmy nous. Fait à Paris ce 24. Novembre 1675.

CLAUDE Miniſtre.

DE L'ANGLE Miniſtre.

www.ingramcontent.com/pod-product-compliance
Lightning Source LLC
LaVergne TN
LVHW012002160826
845678LV00002B/668

* 9 7 8 2 3 2 9 6 6 8 4 8 2 *